Debussy

André Suarès

Paris, 1922

Édition : BoD · Books on Demand GmbH, In de Tarpen 42,
22848 Norderstedt (Allemagne)
Impression : Libri Plureos GmbH, Friedensallee 273,
22763 Hamburg (Allemagne)
ISBN : 978-2-3225-5516-1
Dépôt légal : Octobre 2024

DEBUSSY

PAR

ANDRÉ SUARÈS

Émile-Paul frères, éditeurs

Rue du Faubourg Saint-Honoré, n° 100

PARIS
1922

PRÉFACE

S *I la musique française est à présent, comme au vivace moyen âge et aux temps tumultueux de la première Renaissance, l'exemple et la parure de l'Europe, on ne le doit réellement qu'au seul Debussy. Il a tout renouvelé : le poème chanté, la musique de clavier et le drame musical. Dans Pelléas, il laisse un modèle éternel à tous les musiciens qui voudront écrire pour le théâtre : il a tenu la gageure, toujours perdue jusqu'à lui, de l'équilibre parfait entre la musique et la poésie, dans une œuvre pourtant toute musicale. Il est bien plus que le chant : Debussy est l'harmonie spontanée. Le chant n'est que la musique moins l'art. Pour moi, l'art seul me suffit, l'art seul me touche. Toute la nature chante : seul, l'artiste harmonise. Assurément, Debussy est l'arbre roi de toute une forêt ; il n'est pas unique en son essence ; il a des voisins et des proches, comme il a des racines : un peuple et des siècles l'ont fait : il représente toute une culture. J'y consens, tant qu'on voudra ; mais enfin il dépasse de loin toute école et la fatalité banale du talent. Il a cette vertu que rien n'annonce et que le moment implique sans la déterminer : vertu qui change tout à ce qui est, après qu'elle s'est produite, sans qu'on pût prévoir d'abord qu'elle dût se produire.*

Voilà pourtant le merveilleux musicien, où tant de gens ne reconnaissent encore qu'un assembleur de sons insolites et de consonances rares, qu'ils appellent dissonantes pour mieux prouver qu'ils ne les entendent point. Ils savent si peu la musique, d'ailleurs, qu'ils ne comprennent pas que le plus musicien est presque toujours le plus harmoniste. Qui ne prise en Debussy que la forme n'est pas beaucoup plus digne de goûter ce qu'enveloppe cette apparence enchanteresse et le monde qu'elle exprime. En tout art, les petits maîtres ont le bonheur de l'expression : quelques-uns même font illusion par là. Mais la forme originale, celle qui fait époque, ne va pas sans le don suprême : le style parle alors pour l'homme : et, plus rare est l'art, plus rare est l'artiste. Pour qui fut-il jamais plus vrai que pour Debussy ?

Il ouvre un monde à la sensibilité musicale : on se livre au plaisir ou à l'étonnement de ces sensations nouvelles et on méconnait tantôt le sentiment de cet art, tantôt les idées qui l'animent. On compare Debussy à ce qui lui ressemble le moins, avec une obtuse injustice. On lui demande le discours et l'éloquence de Beethoven, lui qui tord le cou à l'éloquence. Mais pourquoi n'exige-t-on pas de Tintoret le charme de Watteau ? On lui reproche de n'avoir eu ni l'éclat, ni la force de Wagner, lui qui met autant de soin à cacher sa puissance que le grand Allemand à l'étaler, à la hisser sur le socle, à l'armer de l'épée, de la cuirasse et de tous les engins de la guerre.

Tant il est musicien, Debussy est tout génie ; et la preuve, qu'on ne prend plus garde à son talent ni à l'admirable qualité de son écriture. D'autres qui l'ont suivi, grâce à un extrême talent qui ne va pas au delà, malgré tout, de la forme pour la forme, ont donné le change sur ce point à nombre de bons esprits : les docteurs de la musique n'ont pas été ses juges les moins sévères. Faire de la musique ne suffit pas : l'âme musicale est encore plus nécessaire.

Faute de sens harmonique, l'œuvre de notre Debussy reste un chiffre dont l'esprit n'a pas la clé.

CHAPITRE PREMIER

POUR juger Debussy et pour l'entendre, il faut toujours prendre sa musique en fonction de l'harmonie. Que de vaines disputes on se fût épargnées si les musiciens laissaient les sourds discuter entre eux et refusaient de leur répondre : par malheur, la plupart des musiciens sont sourds plus qu'à demi : le mal le plus répandu est assurément la surdité ; et personne ne se croit infirme parce que tout le monde chante dans les cours.

En Debussy, un sens admirable de la nature nourrit le sens harmonique. Il est poète en musique autant qu'on le puisse être. Les œuvres qu'il voulait écrire n'en donnent pas une moindre idée que celles qu'il a écrites. Il lui fallait un texte, où il pût verser toute cette vie passionnée qui est le propre de la réalité musicale. À lui seul, Debussy a été pour la musique ce que les grands poètes du dernier siècle à son couchant furent pour notre poésie ; mais il le fut à un degré supérieur, du fait que la musique est une langue universelle. La réussite parfaite est, d'ailleurs, le trait le plus visible de son art. Que ce soit un drame ou une petite pièce pour le clavier, toute œuvre de notre Debussy est un monde achevé, d'une perfection presque unique. Je ne vois ce caractère qu'aux deux chefs-d'œuvre de Wagner et aux innombrables effusions de Bach, source intarissable de la beauté sonore. À la vérité, les maîtres du clavecin ont eu de cette perfection, dans une sphère de divertissement et de pensée légère : leur mesure, leur charme et leur grâce ne se sont pourtant exercés que dans les sentiments moyens. Par un prodige singulier, Debussy les a mis dans les passions les plus profondes, et quelquefois même, sans qu'on pût s'en douter, dans ces mouvements du cœur qui touchent aux sommets de la pensée. Par là, rien n'est plus original que Debussy et rien n'est si imprévu. C'est l'originalité intime d'un art qui fait l'unité des œuvres. On ne saurait en discerner les éléments un à un : l'analyse les dissout en même temps qu'elle les sépare. Pour Debussy, l'harmonie enveloppe tout : elle est son âme naturelle ; et voilà vraiment une forme, au plein du mot : elle fait la vie et la constitue. Le calcul de l'art se laisse oublier. Cette musique paraît soudain une révélation de la nature, aussi enchantée qu'une fontaine fleurie dans les bois ou une roseraie. Il n'est pas absurde, au contraire, de concevoir une symphonie de Beethoven douée d'une harmonie moins monotone, d'une palette plus colorée et d'un orchestre plus sensible.

Debussy écoute la nature d'une oreille confidente. De tout ce qu'elle offre à ses yeux, à son tact, à son imagination, il fait de l'harmonie ; il prête une conscience musicale à ce qui n'a point de conscience. Il est le faune et la naïade, le rêve de la lune sur les marbres et la mélancolie des terrasses ; le poète du vent et de l'écume, de la mer et des eaux, de tout ce qui est vapeur, fluide et nuages. Il saisit le soleil et le rythme des rayons. Toutes les eaux lui parlent, et la pluie même, qui rafraîchit les pleurs du matin, au sortir de l'insomnie et de la noire chambre, où le malade a compté dans l'angoisse les heures lentes de la nuit. Tout objet lui est sentiment et sa musique est une peinture de l'émotion par l'émotion : la subtile magie des accords en est l'instrument ; et la nuance, le moyen dont il possède tous les secrets en tout-puissant alchimiste. La nuance est la fée de Debussy. La nuance est la variation dans la profondeur et dans le sentiment. La variation n'est souvent que la matière musicale : la nuance est de l'esprit.

DEUXIÈME CHAPITRE

À quoi donner la préférence dans *Pelléas* ? On ne sait qu'y vanter le plus : la force de l'expression, l'accent le plus intense ou la sobriété. Un art plus concis, il n'en est pas, surtout en musique. À dix reprises, Debussy insinue des idées qui pourraient donner lieu à d'admirables développements : il n'a même pas la peine de s'en défendre, il passe aussitôt. Et qu'on n'aille pas croire qu'il ignore la beauté d'une pensée musicale ou la richesse d'un thème : il les connaît mieux que personne. Mais Debussy a horreur de toute rhétorique : il la bannit du drame avec autant de rigueur que Verlaine de la rêverie. Tout ce qui déborde dans Beethoven est ici contenu jusqu'à l'étouffement. La discipline est intérieure encore plus que la forme. Un goût exquis l'impose. Pour Debussy, un seul accent doit tout dire ; une seule harmonie doit peindre la nuance. Le reste est superflu. Ce qui n'est plus nécessaire est redondant. La répétition est bien morte : enfin, l'âge de la reprise est révolu. Seul, l'essentiel suffit. Et, d'ailleurs, l'essentiel devrait seul nous suffire. Telle est la sincérité d'un art vraiment sensuel : il fait connaître le prix de la vraie sensation, profonde et délicate, forte et délicieuse. Ainsi *Pelléas* est une des quatre ou cinq œuvres durables que la musique ait produites au théâtre, avec *Parsifal*, *Tristan* et *les Noces de Figaro* ; *Boris Godounov* y touche, sans être d'une beauté assez égale. Entre toutes ces grandes perles, *Pelléas* est la plus une, avec *Tristan*. Pas une note de trop et pas une ne manque. *Parsifal* est de bien loin la plus haute et la plus belle. L'extrême séduction de *Pelléas* est de nous tant ressembler, d'être si près de nous : nous frémissons ainsi, nous rêvons de la sorte. Et tous ces petits jeunes gens, avec leurs danses, leurs bonds, leurs sauts et leurs bruits de nègres nous font lever les épaules, qui s'imaginent que les amants sont des terriers qui trottent dans un bar, et le dernier mot de l'homme un petit chien jappant qui fait le beau.

La grandeur de *Pelléas* se cache sous l'exacte mesure, et la sobriété voile la puissance. On n'a jamais moins cherché l'effet. Jamais on ne mit tant de réserve à être plus tragique. Une telle discrétion donne à la tragédie un charme de pudeur irrésistible. Toute musique paraît emphatique près de celle-là. Il y a je ne sais quoi d'attique et de racinien dans ce style. La scène du petit Yniold avec son père, celle du quatrième acte entre Golaud et Mélisande, sont l'expression la plus pénétrante à la fois et la plus farouche de la jalousie : la fureur, les accès de frénésie, la double cruauté du jaloux envers lui-même et à l'égard de sa victime, les spasmes charnels du soupçon et les convulsions de la certitude, il faut se rappeler Roxane et Othello pour trouver rien qui les égale. Tant de vigueur dans la passion ne nuit point à la délicatesse du sentiment. Les traits en abondent : les scènes d'amour, la grave compassion du roi Arkel, toute la fin d'une mélancolie si douce et si profonde, sont d'un accent inimitable : phrases adorables, pareilles à des confidences, aux sillons de sages sanglots, à la trace de longues larmes sur du cristal, musique étonnante qui semble l'émotion de l'idée dans la gaine transparente du mot : phrases adorables enfin d'être si justes et pourtant si générales que l'inflexion en paraît être la voix naturelle du sentiment.

La sensibilité de l'ardent Debussy est surtout artistique et amoureuse. Comme le chat se câline à la main qu'il flatte, Debussy se caresse l'âme à la volupté qu'il évoque : nul n'y est plus savant ni plus habile : il arrive alors que la volupté même le cède à l'impression d'une chasteté si voluptueuse que toute autre volupté s'efface devant celle du sentiment. Triomphe d'amour, si je ne m'abuse, douceur qui les rend toutes grossières. Et le même Debussy connaît le mystère de la vie : il en a une idée qui jamais ne le quitte ; il y porte une gravité sereine, qui n'est pas dupe, une tristesse infinie. Laissons dire les nigauds qui se vantent d'avoir inventé la joie. En art, la joie est tout bonnement un haut état d'amour, que la pensée domine, voire dans l'excessive douleur. La beauté pacifie tout. La contemplation d'amour est la plus pure allégresse, et la seule. Pour l'ordinaire, être gai, c'est probablement manquer d'âme, et d'imagination surtout. Nos joyeux gamins ne s'en doutent pas. Leur vide fait leur superbe : le grelot sonne où il n'y a rien. Ils parlent de leur santé : ils feraient mieux d'avouer qu'ils n'ont pas fini de se sucer le pouce et qu'ils y trouvent des délices qui ne nous contentent plus.

Perçant et fin, le goût de la France a tout transformé en Debussy. Ce que Moussorgski indique, Debussy l'achève. Ce qui est profondeur de passion personnelle dans Wagner est caractère dans *Pelléas*, et pur objet. Autant qu'il peut y en avoir une dans un art si intérieur, *Pelléas* est l'œuvre la plus objective de la musique.

TROISIÈME CHAPITRE

A VEC la *Cathédrale engloutie*, l'*Hommage à Rameau* est, à mon gré, la plus belle pièce pour le clavier qu'il y ait en musique, depuis les trois dernières sonates de Beethoven[1]. La beauté de la forme, la grandeur et la pureté de l'architecture, la douce majesté des proportions, la simplicité de l'effet, nonobstant l'extrême raffinement des éléments qui y entrent et s'y ordonnent, tout conspire à la perfection de ces deux chefs-d'œuvre. Rameau est une machine de guerre pour Debussy. Je ne pense pas qu'il vît le maître des maîtres dans ce laborieux musicien, d'ailleurs si sec parfois, si savant dans le sens où l'art s'oppose à la science, si peintre de décors et, par moments, si peu sensible, plein de force inutile çà et là, maigre avec puissance, souvent pédant et plein d'ennui. Non, Debussy a trop l'amour de Jean-Sébastien Bach pour donner à Rameau plus qu'il ne mérite : mais Rameau est l'antidote de Gluck. Et il est très vrai que Gluck est un rustre de génie. L'opéra de Gluck est italien sans mesure, tout allemand ou tout français qu'il veuille paraître. Il est cette forme bâtarde, entre la musique et la poésie, qui redouble l'expression et la décuple, qui insiste surtout avec indiscrétion, qui alourdit tout, qui nourrit le texte tragique d'une pâte épaisse, où la rhétorique sentimentale a bien plus de part que le pur sentiment. Les Champs Élysées d'*Orphée* sont une invention sublime ; mais combien d'airs, à la façon de *J'ai perdu mon Eurydice*, sont d'une abondance, d'un embonpoint et d'une niaiserie en somme intolérables. Ce barbare ne sait jamais se borner, en dépit de sa mine classique : il est fort et grossier ; bref, il sentimentalise et ne cesse pas de sentimentaliser.

Il est clair que toute l'épaisseur du monde sépare la musique de Gluck et celle de *Pelléas*. Debussy interprète le drame, il en saisit la poésie et la transpose dans le purgatoire de la musique. Gluck s'y attache et le retient à la terre : il l'habille, il l'affuble du costume théâtral, d'armures, de plumes, d'airs carrés et de rondes chansons. La vérité de la musique est avec *Pelléas* et non avec *Iphigénie*. D'ailleurs, l'orchestre et l'harmonie de Gluck sont presque morts. Gluck met à la fois le plus de musique et le moins qu'il peut dans la tragédie. Debussy accomplit le destin musical qu'on voit poindre dans *Boris Godounov* : rien ne lui sied mieux qu'un beau texte tragique, pour en dépouiller l'anecdote et faire jaillir la poésie. Il le recrée dans l'ordre de l'émotion, qui est celui de la musique. Et tel est le drame musical, s'il en est un.

À Rameau enfin l'honneur du mot le plus fameux qui ait été pensé sur la musique : *C'est l'harmonie qui nous guide.* Ce Français ne doit pas sa découverte au hasard, mais à l'intelligence de son art. Par malheur, elle ne saurait suffire. L'*Orphée* de Gluck n'est pas seulement la plus belle réussite du chevalier : il est le chef-d'œuvre du drame musical entre Mozart et Monteverde. Toutes les tragédies de Rameau et tous ses drames ensemble n'ont pas cette force musicale. Rameau n'a pas la sensibilité du génie ; mais il pense pour le temps à venir. Il sait ce qu'il faut faire et il ne le fait pas. Il a la raison et l'instinct original lui manque. Il faudrait savoir et penser comme Rameau, mais chanter au moins une fois comme Gluck, et sentir comme Monteverde. En Debussy s'est fait le beau miracle et son harmonie en est le signe. Il n'ignore pas la portée de son œuvre ; mais il en a eu, d'abord, le don gratuit et le pur privilège. Avant de l'accomplir dans l'art, elle lui est naturelle. L'art accomplit la nature : s'il la rend inutile, c'est qu'il y succède. L'accord d'onzième naturelle, voilà donc, sinon tout Debussy, la couleur, la sensibilité et la vie de Debussy qui, pour un temps au moins, sont aussi les nôtres.

QUATRIÈME CHAPITRE

MONTEVERDE n'a peut-être pas su l'immense portée de sa trouvaille sensible. Les inventions de la sensibilité ne laissent pas d'être ingénues.

Il s'est contenté de rendre la sienne toujours plus féconde et plus assurée pour lui-même. Dans le cinquième livre des *Madrigali,* il est en pleine possession de son harmonie. Il n'hésite plus à employer sans préparation le triton, la sixte avec la quinte diminuée, la septième, la neuvième de dominante, enfin la septième diminuée. Ainsi, la transmutation de la tonalité était accomplie. Qui ne le sait ? Mais ce qu'on sait bien moins, c'est que tout le style s'ensuit. Pour qui peut y voir de plus près, les inventions de Monteverde, que l'on croirait le plus étrangères à son harmonie, y ont leur origine : l'air et le duo créés par lui en dérivent bien plus qu'il ne semble. Il n'en va pas autrement avec Debussy : il révèle une harmonie inconnue, et, comme un Ariel, l'esprit libre de la musique y prend l'essor. Lui-même, qui avait une conscience si fière de tout ce qu'il faisait, le donne à sentir dans ses *Préludes* et dans la forme si curieuse du dialogue musical tel qu'il se réalise dans *Pelléas.*

Ce n'est plus le récitatif, ni l'air, ni rien de ce qu'on a connu avant lui. L'harmonie constitue l'élément mélodique lui-même. L'inflexion de la parole conjointe à l'accord est un chant. L'accord est le jet d'eau sonore, et ce qu'on appelle mélodie est la gerbe qui s'éparpille ; mais elle est le jet fluide encore. Qui ne pense pas harmoniquement ne pourra jamais entrer dans cet art, où l'oreille imparfaite croit trouver un abus de la science musicale et qui, au contraire, est la découverte d'une beauté naturelle. Ce système abolit tous systèmes : une liberté absolue en résulte, qui n'a d'autres règles ni de limites que le génie du musicien. Désormais, on n'imite pas *Pelléas* : pour être dans la voie de *Pelléas*, il faut avoir quelque chose à donner de soi et qu'on puisse s'imiter soi-même. Personne mieux que Debussy n'était fondé à dire : « Plus je vais, plus j'ai horreur de ce désordre voulu qui n'est qu'un trompe-oreille, comme aussi des harmonies bizarres ou amusantes qui ne sont que jeux de société[2]. » De Wagner, il ne pouvait sortir que des copies, aussi pesantes qu'inutiles : des formules selon des formules. Tout peut sortir de *Pelléas* : le monde nouveau est celui d'une recherche originale et d'une sensibilité sans limites.

CINQUIÈME CHAPITRE

O N doit aux gens de lettres un bizarre lieu commun sur Debussy. On dit de lui qu'il est impressionniste en musique et on le vante comme peintre de paysages. Que de tels jugements sont peu musiciens ! Il faut une tête sans musique pour comparer Debussy à Claude Monet, une tête qui prend les notes pour des sons et les couleurs pour ce qu'elles expriment. Toute vraie musique est un ordre, d'abord. La peinture de paysage est presque toujours le désordre incarné. Chez Debussy, et jusque dans la moindre de ses œuvres, l'ordonnance est admirable.

Debussy est grand peintre de paysages, assurément, mais sans jamais peindre l'objet. On ne trouverait pas chez lui les jeux de Haydn et de Beethoven dans la *Pastorale*, ni même de Wagner dans les *Murmures de la Forêt* : Wagner, du reste, est déjà très loin de l'imitation et *Parsifal* n'en offre plus la moindre trace. Il semble puéril et un peu barbare de chercher à donner le change sur l'objet décrit. Debussy ne vise partout que l'émotion : il est trop musicien pour être réaliste : il efface le paysage à mesure qu'il s'y promène ou qu'il le contemple, pour n'en laisser paraître que l'écho sensible, l'image sonnante, le chant que tout moment de la nature fait naître dans une sensibilité ardente et vive. On pourrait nier qu'il y eût la moindre description dans Debussy. Il transmute la nature en harmonies, en émotions sonores. Il ne songe pas à peindre la forêt bruissante, mais ce que le cœur d'une jeune fille, marquée pour le mortel amour, y éprouve dans le profond abandon, à l'heure du crépuscule où elle rencontre son destin. Il ne cherche pas à rendre la lueur d'une lampe qui soudain s'allume dans une chambre obscure, ou le bêlement des moutons qu'on mène à l'abattoir, ou le murmure lent de la fontaine : il ne pense qu'à évoquer le doux soleil de la clarté dans un enfant qui tremble et la lumière qui entre comme un couteau dans l'esprit sanglant d'un bourreau ; ou l'innocence perfide de l'eau qui trompe sur la fuite des instants et des baisers ; ou l'immense, monotone et fatale douleur de la vie, lorsqu'on la surprend, au couchant qui rougeoie, dans un troupeau de pauvres bêtes sans malice et sans péché, que son destin, un bâton de berger à la main, pousse vers la mort, là, derrière la porte, loin du bercail, pour cette nuit déjà si proche.

En musique, le paysage est un sentiment. Et d'ailleurs, la seule beauté réelle du paysage, en art, sera toujours de faire un cadre, accord ou harmonie, aux passions de l'âme et aux pensées de l'homme. Mais je m'arrête : cette vérité est aujourd'hui si méconnue que je ne serais pas compris. On prend le paysage pour lui-même, pour un objet qui ait sa valeur ou sa fin en soi. Faiblesse misérable, flatterie à la paresse de l'esprit, ou naturel abaissement. Je voudrais mesurer la chute d'un art à l'importance qu'il donne à ce vide théâtral qu'on nomme un paysage et qui est en train de perdre la peinture. Les peintres se laissent aller à traiter la pensée et les figures en éléments du paysage, tandis que le véritable artiste doit peindre le paysage dans le style de la figure et chercher à y mettre tout ce que la forme implique de pensée. Grâce au moindre effort du paysage, les peintres finiront par ne plus peindre que des natures mortes ; et ils y sont déjà, si on ne considère que leurs portraits. Debussy n'est pas impressionniste le moins du monde. Il est au contraire le musicien qui fait partout usage des symboles. Car le paysage digne de la musique, digne de la poésie, digne de l'art enfin, est un symbole, et un symbole seulement.

SIXIÈME CHAPITRE

J E ne prendrai dans les *Préludes* que deux ou trois exemples, plus faciles que les autres : *La Fille aux cheveux de lin, Danseuses de Delphes, Pas sur la neige, Bruyères*. Pour calculées et choisies qu'elles puissent être, rien n'est moins volontaire que ces harmonies. Elles sont voulues par l'instinct musical et non par la pensée du musicien. Il ne rédige pas harmoniquement un texte conçu sous l'espèce de la mélodie nue. L'art, ici, consiste à réaliser ce que le génie propose. Et quoiqu'on prétende la flétrir ailleurs sous le nom de romantisme, en musique la sensibilité est d'abord le génie.

À quoi bon décrire ces harmonies si sensibles dans leur enchaînement qui porte toute une espèce nouvelle du chant ? Ces frictions délicieuses de secondes, ces quintes ajustées comme les tons purs des primitifs ; ces intervalles inouïs jusque-là, qui s'accordent enfin pour une oreille exercée et qui vont chercher le cœur ou caressent si intimement notre vie sensuelle à sa source, que l'âme musicienne en ressent une sorte de transe amoureuse et d'amoureuse ébriété ? Ces chefs-d'œuvre échappent à la logique, comme le frisson de l'amour même, à quoi il faut toujours revenir en musique et, sans doute, en poésie. On en ferait l'analyse mesure par mesure qu'on n'en donnerait pas plus le secret ni la recette qu'en dressant la liste de toutes les syllabes qui entrent dans un vers de Dante ou de Verlaine.

Il importe davantage de faire sentir combien la peinture de la scène et du lieu, que semble se proposer uniquement la musique et où elle réussit avec un bonheur prodigieux, dépasse infiniment l'intention et la qualité descriptives : bien loin d'être une description de l'objet, le génie de cette musique est la peinture du sentiment. Ce que les peintres ne peuvent pas faire, Debussy le fait. Le paysage n'est pas du tout ce qui s'appelle imité ou suscité dans sa couleur et ses lignes : il est réalisé par l'esprit dans l'émotion qu'il donne à un mouvement passionné du pèlerin qui le contemple, voyageur de l'amour et de la vie. Pour Debussy, tout est poème lyrique. Et poème lyrique tout ce que fait Debussy. Berlioz et Gluck lui sont aussi opposés que possible.

Pas sur la neige : Sans doute, ce rythme trébuchant, obstiné, comme d'un faux pas sur le feutre perfide, et d'un pied qui glisse et se reprend, évoque à merveille l'horizon blême ou glacé sur l'étendue livide : mais combien plus le silence étouffé de l'espace où le cœur s'entend battre et presque s'arrêter, malade de chagrin, hanté de mélancolie, haletant de doutes et de regrets. Le petit souffle qui suspend parfois le flocon dans sa chute et le fait tomber de côté ; la longue, l'interminable route ; la nostalgie de la lumière absente et de la chaude caresse : cette solitude, infinie, en un mot, qui est celle de notre âme, cheminant penchée sur elle-même et dont tous les déserts et tous les hivers de la terre n'approchent jamais.

De même *La Fille aux cheveux de lin :* elle est là, avec toute son apparence mortelle, ses lèvres virginales, ses petits ongles de nacre sur ses doigts joints ; ses yeux de seize ans, ses pervenches marines d'Irlande ; son air de venir sur la lande et les bruyères, comme entre les feuilles d'un missel : pourtant, qu'on y reconnaisse plutôt un conte de fées ravissant, un songe du sourire ingénu, une légende voilée de la plus suave délicatesse. Dans cette musique, les pièces qui semblent le plus près de mirer l'objet doivent être interprétées par le sentiment pour être vraiment comprises. Sous tant de charme et de finesse, on en saisit alors la force musicale : goûte-t-on moins le nectar de le boire dans le verre de Venise le plus subtil, le plus arachnéen et le plus irisé ?

SEPTIÈME CHAPITRE

O N ne pourra jamais trop admirer les *Images* et les *Préludes*. Ici encore, Debussy accomplit une époque et en ouvre une autre. Personne avant lui n'a écrit pour le clavier comme il l'a fait. Qu'importe, çà et là, si telle harmonie, tel dessin l'ont annoncé, ou telle arabesque dans Chopin, dans Schumann ou dans Liszt même ? Un trait ne suffit pas à créer une forme. Debussy a créé une forme pour la musique de piano. Nul n'a compris cet instrument comme lui. Liszt, grand maître et grand esprit à l'orchestre, tendait un peu trop à donner, sur le piano, l'impression de tout l'orchestre en effet : en somme, le piano est alors un orgue à percussion, avec le caractère neutre et uniforme de l'orgue, cet organe presque abstrait de la quantité sonore. Debussy a conçu le piano comme un instrument original, d'une sonorité variable et d'un timbre propre, où les cordes frappées ne sont pas capables seulement de résonances, mais du chant même et de l'enchaînement bien lié qui est réservé au quatuor. Son style n'est jamais du virtuose : il y montre une science et une habileté sans pareilles. Il obtient beaucoup avec peu, et tout parfois avec rien. Il va de la grâce la plus légère et la plus vaporeuse à l'extrême puissance. Dans l'impalpable, il est le maître souverain. Il n'a pas son second pour évoquer les sentiments dans les formes. Toute peinture est grossière près des mirages qu'il évoque. La joie de l'art est à son comble quand tout est d'autant plus réel qu'il est une création spirituelle et que la réalité tient à la seule imagination. *La Cathédrale engloutie* est la plus belle pièce pour l'instrument qui ait été écrite depuis l'*opus* 111 : elle n'y ressemble pas plus qu'une folle verrière à une fenêtre romane, massive et sombre. *La Cathédrale engloutie* est le prélude de Lohengrin, dont notre Debussy a fait don, un beau jour, à la musique de piano. Elle en a l'architecture, la force concise, la sobre abondance et la plénitude. Et les deux édifices semblent issus de la même idée originale. Au piano, comme dans le poème vocal, rendez-vous compte, enfin, que Debussy est l'un des plus grands poètes lyriques de tous les temps.

HUITIÈME CHAPITRE

NE atmosphère inoubliable enveloppe *Pelléas*. Cette musique est un climat du sentiment. En général, la musique corrompt le poème ; elle n'y ajoute que la fadaise. Elle abaisse les grandes œuvres de l'esprit, en les rendant précaires et temporelles : à la grandeur, elle substitue l'emphase sentimentale. Shakspeare, Dante et Gœthe ont pu s'en plaindre. Dans *Pelléas*, Debussy donne au poème la vie réelle qu'il n'a pas : il fait des hommes et des femmes avec des marionnettes, et de la fatalité avec de simples ficelles. Les drames de Mæterlinck appellent la musique, ou un poète : toutes les scènes, d'une si vive invention quelquefois, sont les titres de chapitres qu'il faut écrire.

La merveilleuse unité de *Pelléas* est un effet de l'équilibre peut-être unique de cette musique entre la sensation et l'intelligence. Ici, toute la sensibilité est intelligente, et l'intelligence est sensible. Ce caractère n'est au même degré que dans *Parsifal* et *Tristan*. Mozart se tient dans le plus heureux équilibre, sans doute ; mais il va moins loin dans la connaissance : bonheur de l'âme légère, il reste à la surface ; un petit monde lumineux, plein d'esprit et d'agrément ; mais les passions n'y ont pas ces lames de fond qui révèlent le néant ou l'univers, et qui emportent tout. En son art, Debussy veut être tout divertissement, et il s'élève de beaucoup au-dessus du divertissement. Une mesure si exquise doit être en lui l'effet d'une puissance égale : elle l'est, quoi qu'il semble. Tant l'opinion est grossière, la douceur et l'enveloppement de *Pelléas* font tort à la grandeur de cette musique et à sa force : il est impie de les méconnaître.

La scène des souterrains est presque sans exemple : la couleur, le sentiment, l'harmonie, tout est original ; mais la force tragique ne le cède pas à la nouveauté : la vigueur contenue, étouffée en quelque sorte, n'en est que plus intense. Ce trait est propre à Debussy : pas un musicien ne l'approche pour évoquer l'émotion ou insinuer l'idée : il exprime par allusion ce que les autres ne réussissent pas également à définir en multipliant les signes.

Golaud et le petit Yniold, au pied de la tour, ne font qu'une image d'Épinal, dans Mæterlinck, tout au plus un conte populaire à la façon de Geneviève de Brabant. Debussy porte la scène au plus haut point de la passion humaine : tous les tons se succèdent et toutes les nuances, les éclats terribles de la jalousie et les soudains apaisements du tigre, qui se retient, qui guette et fait patte de velours ; la rage qui se contracte, le contraste de la violence la plus sauvage et de la plus douce innocence ; le scherzo de l'enfant et la fureur de l'homme, sa douleur qui ricane, ses grincements de dents jusqu'à l'explosion finale, le musicien conduit la tragédie avec une puissance qu'on ne saurait dépasser. Je compare de tels moments aux conflits les plus formidables de la *Gœtterdœmmerung*, cette catastrophe musicale, et l'avantage n'est pas toujours aux géants : le comble de la puissance est dans le caractère et l'émotion, non dans la masse, le tonnerre et les orages ; la massue d'Hercule me touche moins que les petites mains de Cordélia.

D'ailleurs, toute la fin de *Pelléas* est un continu chef-d'œuvre. Quoi de plus beau que les merveilleux accords, où se mirent les yeux innocents de Mélisande jusque dans le plus sombre délire de son bourreau, ces doubles quintes où passent on ne sait quels anges du ciel ? Seul *Parsifal* a cette profondeur de musique et ce sens du mystère ; il faut toujours juger d'une musique sur le philtre qu'elle nous verse et sur le génie qu'elle a d'exprimer l'inexprimable. L'énorme enluminure des Italiens, leur badigeon de foire, est le contraire de cet art là. Non la musique n'illustre pas un texte : elle le transpose dans un autre ordre : elle le prend à l'intelligence pour l'élever à la connaissance amoureuse de l'émotion. Et comme la poésie ne prétend pas moins faire avec les moyens qui lui sont propres, telle est la guerre du grand poète et du grand musicien au théâtre : un grand poème se suffit, la musique le gâte. Pour le grand musicien, le seul poème qui lui convienne est celui où la musique peut mettre la grande poésie, qui n'y est point.

Quand les pauvres amants osent enfin s'avouer leur amour, au seuil de la mort, répondant à l'ivresse de Pelléas, le murmure de Mélisande, presque imperceptible, presque morne, sur une seule note, forme un aveu sublime. Et l'adorable sourire de la mélodie : *Je suis heureuse, mais je suis triste*, est à la fois d'une profondeur et d'une délicatesse qu'on n'a jamais trouvées ensemble ni jamais égalées. Presque partout, la simplicité des moyens le dispute au raffinement. Il n'est musique près de celle-là qui ne semble ou un peu vide ou trop grossière.

Le charme de l'expression sonore, la beauté d'un orchestre où le génie des timbres fait régner une incomparable unité, la perfection de la phrase vocale, tout concourt à masquer la puissance. L'œuvre paraît simple et facile, à force d'art. Parce qu'elle est sans clameur et sans cri, parce qu'elle ne fait jamais de bruit, on la pourrait croire sans haleine. Enfin elle semble se jouer dans la demi-teinte, parce qu'elle possède la maîtrise des valeurs et du clair obscur. Rien n'est si faux. Il est nécessaire, au théâtre ou dans la chambre, sur le clavier ou à l'orchestre, d'exprimer avec un soin jaloux toutes les nuances de cette musique : on s'étonne alors de tout ce qu'elle recèle : on perçoit, à la juste échelle de l'ensemble, la puissance des éclats, du tragique et de la passion, comme on sent déjà le charme extrême de la tendresse et les séductions de la mélancolie. Le dédain de ce Debussy pour l'effet est sans parallèle. Pour moi, eût-il commis des crimes, Debussy est par là d'une sainte vertu : depuis la Renaissance, il n'y a que Bach pour la partager avec lui[3]. Il finit presque toutes les scènes et tous les actes de son drame dans une sorte de silence inimitable, qui est précisément la palpitation profonde de l'émotion : elle prend fin, à la lettre, comme on meurt, comme on s'évanouit, soit, de douleur, soit de plaisir. Près de ce soupir, tout cri est faible. Toute explosion manque de force et d'écho près de ce frémissement. Et on ne comprend rien à Debussy, tant qu'on ne l'a pas saisi dans cet ébranlement secret de l'ardeur la plus intime.

NEUVIÈME CHAPITRE

J USQU'À un certain point, Debussy a été le Rimbaud de la musique. Il part du Rimbaud véritable, et non de ce monstre ridicule que les théologiens de la tradition, les Royer-Collard de *omni re scibili* ont dressé en idole au seuil de la nouvelle poésie, le coiffant d'un bonnet pieux pour lui trouver une excuse d'avoir été un individu, autrement dit un anarchiste : mais tout finit bien pour le moi, ce galeux, s'il meurt imbécile et converti. Nos docteurs n'auront pas besoin de se convertir : ils auront vécu comme il faut mourir.

Tous les musiciens qui l'ont suivi ou qui le suivront de longtemps dépendent du seul Debussy, comme les poètes dépendent tous de Rimbaud, plus ou moins. Mais Rimbaud n'a donné que le branle et l'exemple d'une expression, tandis que Debussy a eu le bonheur d'accomplir un chef-d'œuvre. Le chef-d'œuvre finit toujours par être une œuvre objective. Voilà pourquoi *Pelléas* a tant d'importance : Debussy y a libéré la musique en même temps que l'harmonie. Il les a toutes deux arrachées au système. La libération de l'harmonie n'est pas un fait moins considérable, il n'a pas moins d'avenir en musique, il me semble, qu'en poésie le jeu direct de la pensée dans le sentiment et du sentiment dans l'image, dont Rimbaud, pour sa gloire, a laissé de foudroyants exemples. Rimbaud a séparé la poésie de la logique, et d'un seul coup, jusqu'à l'excès, jusqu'à la parodie du penser. Il l'a osé dans le temps où régnait absolument la métaphore oratoire, cette vieille reine de théâtre enchaînée à son Potemkine, à son géant favori, à son Hercule de Victor Hugo. Tout ce qui a, depuis lors, quelque valeur en poésie, tient de Rimbaud. Même si quelques gamins font les fous, et si quelques poètes cherchent leur rythme dans le délire, les *Illuminations* sont leur soleil et ils en tirent leur lumière. Il suffit à Rimbaud de se comprendre : son moi est la trame de ses pensées : son sentiment propre fait le continu de ses impressions les moins cohérentes. On recueille ses idées, ses éclairs, ses ellipses ; on en cherche l'enchaînement : lui, il bondit et il passe : il suit sa vision intérieure, les traces et le murmure de son action. Comme la Pythie, il ne peut servir de modèle qu'à de faux oracles. Mais à chaque homme né poète, il montre la voie

Où d'être enfin lui-même un chant pur a l'audace.

De même, l'harmonie délivrée par Debussy ouvre une carrière infinie à la consonance. Et le sens même de la mélodie en est changé pour toujours. Il ne s'agit plus d'un discours prévu en toutes ses propositions, en toutes ses incidentes. La mélodie oratoire a vécu. Ceux qui pensent écrire aujourd'hui contre Debussy en relèvent aussi étroitement que ceux qui l'imitent. Les hérétiques sont plus dans la religion, souvent, que les fidèles. *L'Après-midi d'un Faune* est une date capitale de la musique. Par nature, le phénomène sonore est en perpétuelle évolution : il se différencie toujours davantage. Les grands inventeurs en musique donnent un corps à la sensibilité inquiète qui se cherche et s'ignore. Du côté purement sensible, l'histoire de la musique est, comme celle de la mathématique, un enrichissement continu. Qu'on le veuille ou non, c'est en musique surtout que la soi-disant simplicité ne répond à rien, et n'est qu'un mot vide. On ne fera pas que notre ouïe soit celle des hommes d'il y a mille ans ni même de nos grands-pères. Pris au hasard, un homme sans culture, un nègre, un Lapon est un demi-sourd près de nous. Parmi les musiciens même, le sens sonore de l'Occident en 1900 est infiniment plus riche et plus complexe de siècle en siècle. On a beaucoup aimé la musique dans les Cours d'Amour, en Flandre, en Italie, voilà quatre ou cinq siècles ; mais entre les hommes de ce temps-là et nous, la distance proprement musicale n'est pas moins grande qu'entre les physiciens de la Renaissance et la physique de Poincaré ou de William Thomson. Et qu'est-ce que la mathématique de Viète près de celle où Einstein nous convie ?

Le plus souvent, d'ailleurs, celui qui ouvre une époque au sens de l'art en accomplit une autre qui s'achève. La moitié du génie original consiste à porter l'originalité des autres à un point de perfection qu'ils n'ont pu atteindre. Le destin des précurseurs est d'avoir presque toujours tort : on les méconnaît, quand ils paraissent ; et le messie, qu'ils ont précédé, les absorbe ensuite jusqu'à les faire disparaître. Ainsi Debussy accomplit, au piano, les pressentiments et les émotions de Chopin, de Schumann et de Liszt : ce qui était éloquent chez eux et du virtuose sentimental, s'élève à l'expression pure chez Debussy ; ses rencontres et ses emprunts sont plus à lui que tout le reste : parce qu'il a un style, et toujours musical.

Ni ses modulations, ni son goût chromatique, rien n'est plus offensif en Debussy : le style pacifie tout. Rien ne sent la manière ou la manie, comme dans César Franck. Avec tous ses mérites, ce saint homme n'est pas un héros de la musique : la vertu est la vertu, mais elle n'a pas le pouvoir de surfaire l'œuvre de l'artiste. César Franck est maniaque du chromatisme. Son ingénuité ne l'empêche pas d'étaler un sérieux continu et presque ridicule ; et sa conviction est toujours grandiloquente : trop d'onction, trop de voix céleste. Cet orchestre est un harmonium. Cette église est bien plus loin de Chartres que de Saint-Sulpice. Il y a telle façon d'être candide qui a tout l'effet de la rouerie. L'affectation peut être naturelle et l'apprêt innocent. Enfin, gare à l'artiste en qui l'innocence et le petit esprit se confondent. Quelles que soient d'ailleurs sa vertu et sa sincérité. Une certaine niaiserie, aussi, peut être sincère : c'est de quoi la lourdeur de la pédanterie ne s'est jamais privée. Je ne puis souffrir qu'on nomme Jean-Sébastien Bach, à propos du bon César Franck. Il cultive l'effet et ne se prive même pas d'être fort brillant. En art, c'est le péché.

DIXIÈME CHAPITRE

À l'orchestre, Debussy a le génie des timbres, et par la couleur il multiplie l'harmonie. D'ailleurs, tout chez lui est harmonique : dès l'origine, Debussy est tout génie. Debussy n'a rien touché, qu'il n'y ait fait éclore la fleur musicale. On n'a jamais été plus musicien que lui. De là, qu'il ait dérouté cette foule de gens qui goûtent la musique, non pas en musiciens, mais en lecteurs de livres : ils y cherchent d'abord un discours logique, des idées comme on dit, et toute sorte d'intentions : raisonnables tant qu'on voudra, elles ne sont pas le principe de l'art, mais le moyen seulement. Il faut de l'intelligence et des idées en musique, comme en toute œuvre de l'esprit ; toutefois, il y faut, bien plus encore, de la musique. Les idées littéraires ou les idées plastiques ne sont pas les idées musicales. Au fond, et par-dessus tout, l'harmonie en décide. La musique de l'homme moderne est à ce prix.

Il est très vrai que la polyphonie éloigne de la musique aussi souvent qu'elle la réalise. Il y a dans la polyphonie une part mécanique et abstraite, qui finit par étouffer le sens naturel du chant, en desséchant le sens de l'harmonie : le jeu des thèmes, la science de les conduire, le plaisir intelligent de les combiner donnent à la symphonie un air de problème à plusieurs inconnues, qu'il s'agit de débrouiller élégamment et dont l'esprit se réserve la solution ; il y trouve un contentement, dont la musique est à peine le prétexte. Beaucoup de savants croient aimer la musique et se plaisent à en faire, qui ne poursuivent que le plaisir d'une géométrie sonore. Et nombre d'ignorants écoutent la symphonie comme on suit les mouvements des acrobates, dans un cirque, avec l'extrême intérêt d'une curiosité enfin satisfaite si, au terme, tous les tours de force concordent, si rien n'a rompu le rythme et si la figure est accomplie, sans que personne se soit cassé le cou. Plus ces bonnes gens écoutent, moins ils entendent. Bref, les notes remplacent les sons.

À cet égard, Debussy a fait une révolution ingénue. Lui-même avait le sentiment de quitter une géométrie musicale pour revenir à la nature. Il est clair que le contrepoint et la polyphonie d'orchestre tendent à une espèce de géométrie descriptive ou de position, où non pas l'étendue se projette, mais où la durée se représente. Le sens musical, quoi qu'on dise, est le plus inégalement réparti du monde. L'immense foule des hommes n'entend à peu près rien : ils sifflent un refrain et ils sont persuadés qu'ils chantent : plus l'harmonie est riche, plus elle leur semble confuse. Rien ne sépare plus les hommes entre eux que leurs ressources sensibles ; mais l'amour-propre leur défend d'en convenir. Cet abîme fait le fond des querelles en art et même en poésie. Écoutez-moi ce triple sourd, qui tranche du bien et du mal en musique, au nom de Rome, du pape et de Minerve. Les uns sont sensibles à ce qui laisse la foule des autres sans la moindre sensation ; et comme ils n'y trouvent aucun agrément, ils s'indignent. On ne veut jamais être moins sensible que le voisin : il n'est pas d'offense plus secrète et plus cruelle qu'un divin plaisir, qu'on ne peut même pas soupçonner, loin qu'on le puisse prendre.

Tout est génie dans l'orchestre de *Pelléas*, tout y est musique et fait pour l'oreille. Quand on a goûté de ce philtre, toute l'ancienne musique, hormis Wagner, semble un peu fade, lourde et terne. Ainsi, le *Prélude à l'Après-midi d'un Faune* est une révélation. L'*Orphée* même de Monteverde n'a pas eu tant de nouveauté. Un voile est tiré : un mur séculaire nous séparait de la nature : voici, dans sa chaleur riante de bel été, s'animer en chantant un nouveau monde sonore.

Debussy a rendu sa qualité originale à chaque instrument, il les a délivrés de l'énorme, de l'admirable contrainte où Wagner les avait tous asservis pour n'en plus faire qu'une lyre immense : tous les timbres, dans Wagner, sont comme

Kundry à genoux devant son maître, absorbée dans la seule volonté de servir : « dienen, dienen ». Pourquoi l'orchestre ne serait-il qu'un orgue gigantesque ? Avec Debussy, les familles d'instruments sont libres et vivantes. Debussy divise volontiers le même instrument, pour en obtenir toutes les nuances. Maître des timbres, il est d'ailleurs incomparable dans l'usage des bois à la française, comme Wagner dans l'emploi des cuivres. Et quant à la harpe, jamais personne n'a écrit comme Debussy pour cet instrument. C'est à l'orchestre surtout que le génie de notre Debussy se fait connaître : sa polyphonie est toute harmonique. La *Chute de la Maison Usher* nous eût ouvert une cathédrale impalpable de sons. Rien ne le sépare plus des Allemands. Mais, à mon gré, il est encore plus loin des Italiens peut-être, et de leur mélodie si étrangère à tout sens harmonique. Debussy est tout de France, comme le Jardin du Luxembourg, la Sainte-Chapelle, les verrières de Chartres et le Palais de Justice à Rouen.

ONZIÈME CHAPITRE

Pardonnez-moi comme à l'Égyptienne.
Si, si, je suis heureuse, mais je suis triste.
Elle va pleurer aussi ; j'ai pitié d'elle[4].

V OILÀ des accents qui me ravissent : plus droit ils me pénètrent, plus j'en admire la pointe subtile. Il semble que ce soit sans effort, à bien peu de frais, et le calcul n'en est que plus exquis. Je dirai même que cet art a plus de fond qu'un autre : il est plus beau, plus rare et même plus puissant d'envelopper ainsi l'aigu du doux poignard et la force du coup qui entre. C'est la pure nudité sous un voile en fil de la Vierge. Une certaine épaisseur de génie veut en vain nous persuader que la grandeur se mesure à la rudesse, au poids et à la violence. Il n'en doit rien être, tant qu'il y aura sur la terre quelque confident des dieux : la beauté et l'amour vont ensemble ; et la suprême beauté ne se connaît que dans la grâce suprême. *En ceste foy, je veuil vivre et mourir.*

Le dieu de l'art n'est pas celui qui fait beaucoup avec beaucoup, mais celui qui fait tout avec à peu près rien. J'ignore une puissance sans profondeur, ou je n'en puis faire cas ; mais où je trouve la profondeur du sentiment, le long et doux abîme de la rêverie pour la pensée, je trouve aussi toute la puissance. Dieu sait si, à vingt ans, j'ai été fanatique des *Derniers Quatuors* et des *Dernières Sonates*. Dieu sait, aujourd'hui même, si je vois rien dans la musique moderne qui s'égale à *Parsifal* et à *Tristan*. Mais je suis forcé d'en faire l'aveu : les cris inouis d'Isolde et toute l'immense lyre du Titan n'ont rien de plus pénétrant que ces trois mesures, rien de si juste, rien qui soit plus riche en confession sur l'amour de la femme, sur son cœur et son destin. Et certes, qu'une telle beauté soit atteinte dans l'ordre du sentiment par la justesse seule de l'accent, cette réussite est un miracle de la mesure et de cette intelligence que j'appelle l'intelligence sensible. Il faut dire, en passant qu'une exquise sensibilité rencontre le ton juste de l'amour plus que toutes les forces déchaînées de la passion. Puis, en art, un sens exquis de la volupté n'est pas sans toucher à une merveilleuse intelligence. On ne peut comparer les sommets de notre Debussy qu'aux cimes préférées de la poésie et de l'art, à telles scènes du *Soir des Rois* ou de *Cymbeline*, et aux paysages si tendres où trempent les visions amoureuses de Watteau.

Il faut bannir de l'art la superstition de la masse et les moyens de la quantité. Cette religion est celle de la musique depuis cent ans : elle est trop grossière. Quand un artiste nous fait toucher le fond du sentiment, quand il nous émeut dans ce cœur du cœur, qui est la rêverie de notre entendement d'amour, il possède le plus beau de l'art ; il en détient tous les prestiges. Berlioz, avec ses mille instruments, ses canons et ses bombardes, s'évanouit d'un seul coup devant un violon unique en un simple prélude de Jean-Sébastien Bach, Notre Père. On parle vainement du géant Victor Hugo et de Rubens, colosse : Verlaine et Watteau sont d'un bien autre prix. Et certes, ce n'est pas pour rien que Debussy, dans mon esprit, donne la main à Watteau et à Verlaine, les Trois Grâces Françaises.

DOUZIÈME CHAPITRE

S ES dernières œuvres n'ont pas été comprises. On y a vu un jeu de la forme rare. L'extrême audace de l'harmonie a trompé sur les sentiments : Ici, le parfum cruel de la fleur égare le musicien qui la respire ; il ne discerne plus assez la nature de la plante et la beauté lui échappe.

Pauvre Debussy ! Les *Épigraphes*, avec les deux *Sonates* pour le violoncelle et le violon, ne sont pas sans doute ses chefs-d'œuvre ; et pourtant, il y fait quelques-uns des aveux les plus secrets et les plus déchirants que l'art ait jamais arrachés à un artiste. On ne saurait imaginer plus de simplicité dans le plan et plus d'étrange curiosité dans le goût sonore : ce contraste est surprenant. Le raffinement de l'harmonie, la sincérité encore plus que l'audace n'y sont pas le moins du monde un effet de la recherche, mais au contraire l'expression la plus directe de l'instinct et de la sensibilité ; ici, le soupir, le cri étouffé, l'abandon du corps torturé, l'angoisse de la maladie sont musique. Il n'en est pas d'autre exemple. C'est la douleur qui parle, et la pire de toutes, la douleur physique, la pointe sans remède qui s'insinue dans le cours des idées et vient les interrompre ; le mal les altère en Debussy et ne les trouble pas ; il les suspend, sans réussir à les brouiller ; l'ordre intérieur, la clarté de l'intelligence restent admirables ; le témoin de la sensation demeure incorruptible. Et rien n'est plus extraordinaire que cette lucidité. L'esprit n'a pas cessé d'être le maître : il halète seulement ; il va par frissons et par sursauts ; si la fièvre traverse ses rêves et les rend tristes à frémir, il modèle cette fiévreuse tristesse, il en dessine les contours ; et de son délire même, sa fidèle lumière fait un pur cristal. Il garde sa grâce dans le désespoir ; il ne perd pas tout sourire dans la brume des tourments. Sobre et contenue, cette musique déchire l'imagination par tout ce qu'elle livre du musicien et ce qu'elle laisse supposer. Il n'est guère croyable qu'on ait pu trouver du calme et de l'allégresse dans les *Épigraphes*. La lumière éclaire parfois la plus irréparable misère, et qu'on n'eût pas sondée. Le calme, ici, est celui de la rémission ; l'apaisement, la ruineuse lassitude, la sueur qui succède au feu de l'insomnie. Le souffle court, la mélodie entrecoupée de spasmes, interrompue de brusques heurts, de contractions et de tressaillements, pas une ligne qui ne trahisse l'homme à la question, sur le lit de supplice. Les songes qui le visitent encore, les images caressées passent dans une vapeur si lointaine que l'artiste semble leur dire adieu d'un autre monde.

Accords souffrants, dessins repliés sur eux-mêmes, le martyre de la maladie mortelle s'en exhale avec des lancinements et des angoisses presque intolérables. Par miracle, le poison qui empêche le vol de la musique, ne l'alourdit pas ; il l'entrave, sans lui ôter sa légèreté originelle ; il retient l'aile, il tire sur elle jusqu'à faire crier la pauvre âme : il ne la coupe pas.

Une partie des *Épigraphes* semble, impassiblement, le rêve d'un supplicié, tandis qu'il est sous l'influence de l'opium : il contemple ses tourments ; il les raconte, en paroles brèves ; mais il paraît en être détaché. Dans l'autre, il est réveillé ; il ne regarde plus sa souffrance : il souffre. L'unité ne manque pas à ces œuvres pantelantes et saccadées ; mais elle est presque partout suspendue par le cri sourd et le frémissement. Fragments, si l'on veut ; mais quelques-uns d'une force et d'une beauté entières. Quant au génie, il est toujours aussi original. Le premier temps de l'une et de l'autre *Sonate*, je ne sache rien qu'on y puisse opposer depuis un siècle, dans la littérature du violoncelle et du violon[5]. Deux ou trois passages de la *Sonate pour violon* sont dignes de Jean-Sébastien Bach[6]. Là encore, dans la dernière œuvre sortie de sa main, Debussy montre la plus rare de ses vertus, dans une pureté incomparable : la sobriété ne peut aller plus loin. Il la pousse jusqu'à l'avarice, jusqu'au dédain de plaire, lui qui est tout charme et tout désir de charmer. Quand il nous découvre une perle sonore d'une suavité merveilleuse, je lui en voudrais de ne jamais me la présenter deux fois : il la dérobe aussitôt ; il en sait le prix, et on dirait qu'il la dédaigne. Ah, c'est trop bien répondre à la plus belle exigence de l'art, et trop selon mon goût, pour que je puisse lui en tenir rigueur et que je le lui reproche. Le Titan Wagner, quand il saisit un filon de grandeur et de beauté, il ouvre toute la mine ; il l'exploite en tous sens ; il ne s'en lasse pas ; il répète l'idée passionnée sous toutes les formes ; il ignore la satiété ; non seulement, il l'épuise : il ne craint pas de l'enfler, à l'occasion, et de l'appauvrir ainsi en la rendant vulgaire. Comment d'ailleurs lui en faire grief ? Cette insistance formidable est son génie propre. La réserve de Claude Achille est le génie contraire : parfois, elle n'est pas moins puissante que l'entassement, et elle ne donne pas un moindre sentiment de la profondeur ; mais elle les dissimule : peut-être, cette passion concise, ce dédain de tout effort, sont-ils, dans l'ordre pur de l'art, au delà même du pathétique. La plus belle victoire de l'artiste est celle qu'il s'assure sans avoir l'air d'y toucher : au lieu d'une complaisance ou d'une concession facile au goût moins relevé des autres hommes, elle est le sacrifice exquis de l'artiste à sa propre et plus parfaite beauté. Le porche de Chartres en offre de sublimes exemples. Il en est ainsi dans Stendhal et dans Racine. Que Debussy y fasse penser, quelle clarté sur son génie : la merveille en est d'autant plus précieuse qu'elle est plus rare en musique. Le musicien est sans retenue, le plus souvent : il est un artiste qui, d'abord, s'épanche et qui ne sait presque jamais se borner. Debussy n'a pas son pareil pour la mesure : son art n'est tavelé d'aucune intempérance.

TREIZIÈME CHAPITRE

L A force, le pouvoir, l'intelligence du musicien Debussy ! Veut-on les mesurer ? que l'on compare sa musique pour Baudelaire à ses trois ballades de Villon : Vingt ans séparent ces deux œuvres, le grave espace qui s'étend entre la trentième année et la cinquantième, entre la pleine jeunesse et la plénitude puissante de la maturité. À quelques rares exceptions près, qu'est-ce qu'un grand poète ou un grand musicien de trente ans ? Un génie écolier. Quelle que puisse être sa veine, elle n'a pas fait son lit ; elle ne coule pas seule, ample et d'une onde profonde. S'il ne nous restait de Beethoven et de Wagner, de Glück et de Monteverdi, de Liszt et de Moussorgski que les œuvres de leurs trente ans, nous n'en ferions pas grand cas. Dans ses poèmes de Baudelaire, Debussy montre une étonnante maîtrise. En 1890, non seulement il possède toutes les conquêtes de Wagner, mais il y ajoute. Son harmonie est déjà bien plus hardie, plus subtile et plus riche. On dirait d'un Wagner éblouissant, qui prodigue ses trésors d'expression ; qui, sur le premier signe, et à propos d'une simple émotion, s'élève d'un seul coup aux transports de Tristan à l'agonie et d'Isolde mourante. Rien n'est plus pathétique que cette œuvre, et c'en est le défaut. Elle est toute en excès. Un poème sourd et triste tourne à la suprême tragédie. La douleur, la passion s'y répandent en éclats sans mesure. Mais enfin personne au même moment, et personne depuis, n'a donné ni fait entendre un chant, où la puissance et le génie forcenés de Wagner soient approchés de si près[Z]. Le jeune musicien s'y égale au titan de la musique, et d'ailleurs hors de propos. Là pourtant, on voit ce que Debussy aurait pu faire dans une voie qui n'était pas la sienne. Il était capable, et lui seul, de donner, s'il l'eût voulu, l'opéra wagnérien que mille autres ont tenté, sans en produire que des copies, toutes plus ennuyeuses et plus vaines les unes que les autres.

La vie se passe, et pour Debussy sans doute, dans un silence et une demi-retraite propices aux émotions profondes. Il y a du secret et de l'ardent dans tout ce qu'il a produit. J'écoute à présent ces *Trois Ballades de Villon* : l'eussé-je méconnu, j'y découvre quel homme était cet artiste et tout ce que révèle cette musique immortelle, la seule à mon sens qui ait jamais ajouté à une immortelle poésie. Car les chefs-d'œuvre des poètes n'ont que faire de musique le plus souvent : ils ont la leur, que l'autre sentimentalise et par là qu'elle abaisse. Mais ici il n'est plus question de redoubler l'expression. Le génie de Claude Debussy n'échoue pas à recréer le poème : il le transpose dans un autre monde. Une tristesse brûlante, une mélancolie sans pareille, où celle de Bach s'apparente seule ; la profondeur d'une émotion toujours accolée, dans la volupté, à la douleur et au néant, toute cette nature d'homme si musicale, parce qu'elle est d'une âme passionnée entre toutes, se fait jour et chante dans ces ballades. Je laisse de côté la dernière qui, à l'orchestre, est sans doute le plus beau jeu, le plus vif scherzo de la musique moderne, on ne sait quoi qui rappelle la reine Mab. Les deux premières portent la musique de notre Debussy dans l'un de ces hauts lieux de l'art, où l'on peut atteindre mais qu'on ne dépasse pas. Si le plus rare raffinement, la plus savante recherche : si une sensibilité déchirante, une émotion passionnée au point que le sanglot et le cri s'y suspendent, tel un rossignol sur un fruit qui va tomber ; si toutes ces vertus de l'excès s'enveloppent jusqu'à sembler naïves ; si une possession de soi infaillible gouverne et dirige les sentiments les plus déchaînés du cœur humain ; si enfin l'artiste domine sur sa pensée et sur son style au point que la complexité la plus étonnante se fait prendre pour la simplicité même et le propre discours de la nature, ces chants en vérité sont sublimes, et d'un sublime musical qu'on ne retrouve que dans Bach, Notre Père, et son Fils le Wagner de *Parsifal*. Qui entendra cette musique dans sa plénitude ; qui la ressentira dans l'esprit d'amour où elle est conçue, connaîtra Debussy enfin : et il saura, non pas seulement le charme, mais la puissance voilée et la douce majesté de son génie.

QUATORZIÈME CHAPITRE

À quelque douze ou quinze ans d'intervalle, je le rencontrai deux fois. La dernière, il était près de sa fin. Il payait de sa personne dans un concert de charité où l'on donnait de ses œuvres. La guerre l'a révélé passionnément de son pays, et, plus que Français, enraciné à son Île-de-France. Il venait d'être fort malade et on l'avait dit perdu : il l'était. Peu de temps après, il allait retomber dans le mal qui l'a tué. Je fus frappé, non point tant de sa maigreur ou de sa ruine que de son air absent et de sa lassitude grave. Il avait la couleur de la cire fondue et de la cendre. Ses yeux ne rendaient pas la flamme de la fièvre, mais le reflet lourd des étangs. Il n'y avait même pas d'amertume dans son sourire ténébreux : il y perçait plutôt un ennui de souffrir, et ces roseaux de l'angoisse qui coupent la rive rêveuse d'une mare, un soir d'automne, dans la paix qui ment. Sa main, qui était ronde, souple, potelée, un peu forte, épiscopale, pesait à son bras ; son bras, à son épaule ; sa tête, à tout son corps ; et, à cette tête, la vie, l'unique, l'adorable et si cruelle vie. Quelques personnes, s'entretenant de lui, affectaient la confiance et le trouvaient en meilleure santé qu'elles ne s'y fussent attendues. Cependant, comme il venait de s'asseoir, il regarda les auditeurs, d'un œil lent, sous la paupière rapide, à la façon de ceux qui veulent voir sans être vus et qui dérobent par-dessous ce que leur regard semble ne toucher directement qu'à demi. Il était dévoré de pudeur, comme peut l'être l'artiste, dans le dégoût et presque la honte de souffrir. On a prétendu même qu'il a laissé croître son mal en le dissimulant. Les plus voluptueux sont parfois les plus jaloux de voiler leur chair ; surtout si elle est meurtrie. L'esprit y participe : la pudeur ombrageuse, le goût de la volupté et le souci de la perfection dans l'art ne se séparent guère. Ainsi Debussy nous a privés de toutes ses esquisses et même de fragments admirables : il a détruit tout ce qu'il n'a pas achevé ; il n'a rien voulu laisser que d'accompli.

Dans ces yeux qui fuyaient la rencontre, j'ai reconnu l'ironie désespérée qui est si naturelle à ceux qui vont quitter la vie pour ceux qu'ils y laissent. Entre eux, il est déjà un tel abîme. Ce jour-là, Debussy, quoi qu'on pût supposer ou qu'il pût espérer pour lui-même, a fait ses adieux. Il savait qu'il ne mettrait plus, en public, sur le clavier ses mains magiciennes. Car, interprétant ses propres œuvres, il ne touchait pas l'étrange instrument aux doubles palettes d'ébène et d'ivoire : il l'enchantait. Le jeu de

Debussy était une incantation, la musique la plus immatérielle et la plus nuancée qu'on ait jamais ouïe. Il ne réalisait pas la sonorité en pianiste, même pas en musicien, mais en poète. Il prit aussi congé de l'orchestre, et de son pouvoir sur le beau peuple des sons, et de la joie qui naît de la douleur même quand l'œuvre d'art contente un peu le désir de l'artiste. Et sans doute, en s'inclinant avec lenteur, il fit mystérieusement son adieu à la vie.

QUINZIÈME CHAPITRE

O N ne doit pas rester sur l'image désolée que la maladie nous lègue d'un grand artiste lorsqu'elle le précipite, avant le temps, sur les sables du royaume immense. Pour l'artiste, la maladie est le seul ennemi trop impitoyable et trop sûr de vaincre : il peut tenir tête à tous, mais il ne saurait prévaloir contre cette perpétuelle trahison. Comme elle fait honte à l'amant de soi-même, la maladie accable le poète et le dépouille de son privilège : quelle que soit l'œuvre, et si pessimiste qu'elle paraisse, l'œuvre d'art véritable est toujours une œuvre de la puissance : dans l'excès même du désespoir, elle est ainsi un fruit de la santé et de la joie, une offrande de la vie à la vie et presque un hymne. Il est juste, il est doux d'honorer le poète en effaçant les rides et les ténèbres de son front.

Je vois donc Debussy à la veille de *Pelléas*. Rien ne le distinguait, d'abord. Il n'était pas de haute taille. Ni plus robuste ni plus faible qu'un autre, il avait une certaine solidité d'aspect, quoique de complexion un peu molle. Bien en chair, quasi replet, toutes ses lignes étaient rondes ; la barbe soyeuse et sensuelle, les cheveux abondants et bouclés. Les traits ronds, la joue pleine : la raillerie apparente, la finesse cachée. C'était une figure ironique et charnelle, mélancolique et voluptueuse. Il était brun et ambré. Nerveux et maître de ses nerfs, mais non de ses émotions : elles devaient avoir en lui un long retentissement, et d'autant plus qu'il les avait moins laissé paraître. Il a connu, dans la retraite amoureuse et la douceur complice de la nuit, bien des heures ardentes.

L'ironie naturelle, comme l'inclination au plaisir ; une malice pleine d'esprit et l'aveu de toutes les gourmandises ; la flèche au coin des lèvres ; quelque nonchalance dans l'accent, quelque charme précieux dans les gestes ; une ardeur désabusée et savante ; une nature forte et sensible ; toujours du goût et beaucoup de simplicité sous une apparence parfois contraire. Debussy n'est pas plus homme du monde que bohème de Montmartre. Il a du chat et du solitaire. Tant de volupté visible sur cette figure n'y était pas brutale, si même elle pouvait avoir de la violence : jeune homme, il a dû passer de l'humeur timide aux aveux cyniques. Un fond de perpétuelle mélancolie a toujours un peu séparé Debussy des autres hommes, il me semble. La forme de son crâne marque beaucoup d'entêtement de pensée.

Le front était bien celui qu'on trouve aux grands ouvriers du nombre, maîtres du rythme, suprêmes artisans de l'harmonie ; il poussait en avant sa bosse ronde, cette saillie convexe qui s'oppose au miroir courbe des poètes. Et les géomètres, virtuoses du nombre, ont aussi de ces nœuds bombés au-dessus des sourcils. À qui l'observait mieux, le regard de Claude Achille disait surtout l'homme qui sort de l'ordinaire, encore plus que le musicien. Ces beaux yeux caressants et moqueurs, tristes et chargés de langueur, chauds et pensifs, n'était-ce pas ces yeux de femme accomplie et souveraine, qu'ont parfois les artistes comme s'ils avaient été femmes avant d'être ce qu'ils sont, dans une autre vie ? Le regard, d'ailleurs, pouvait prendre une pesanteur étrange, une extrême attention, regard de poète à la française, qui analyse jusque dans la rêverie et qui ne cesse pas de comprendre.

Debussy ne se livrait pas, d'abord. Plus d'un trait donnait le change sur l'art et sur la personne. On eût dit d'un peintre ou d'un poète autant que d'un musicien. Il a lui-même égaré l'opinion des critiques. À juger ses œuvres sur les titres, il est peintre et cherche à l'être : images, esquisses, estampes, arabesques, masques, en blanc et noir, son plaisir apparent est de peindre en musique et sa réputation s'est faite sur ce faux semblant. Sa physionomie y a prêté, et la mode, qui ne fut jamais tant aux peintres que depuis un quart de siècle. Rien de fatal ni de violent, on ne peut être plus loin de Beethoven ou de Berlioz, ni l'air d'un aigle en cage et qui s'indigne, ni l'allure d'un inspiré. Point d'éclairs en redingote, ni ce front démesuré que la calvitie dévaste si heureusement afin que les idolâtres y installent le siège du génie, ni ce nez d'oiseau de proie qui a tant fait pour ravir les moutons.

Quoiqu'il ne fût pas du Midi le moins du monde, et que rien n'en soit si peu que sa musique, Debussy n'était pas sans ressembler à quelques hommes de Provence ou même à certains Italiens. Il aimait d'ailleurs l'Italie. Il se faisait de *Pelléas* à Rome à peu près la même idée que Wagner de *Tristan* au Brésil. Il avait comme eux cet air averti, qui est la patine des siècles sur les visages d'homme et qui leur vient d'être policés depuis plus longtemps que les autres, sans y avoir perdu la neuve ardeur des sensations. Personne enfin ne fut moins barbare ; et il avait bien le droit de tourner le dos, avec dédain, aux vertus même de la barbarie.

Par sa finesse et sa perfection, un tel artiste devait tromper sur sa force, et sur la richesse de son esprit par les dons voluptueux de sa nature. Outre qu'on n'a rien compris d'abord à son chant, toute musique nouvelle étant le scandale de la sensibilité et presque une offense aux communes oreilles, les sots, qui sont toujours moralistes pour être sots sans risques, ont flairé beaucoup de vice dans cet homme comme dans son œuvre. Nous en sommes toujours là que la volupté passe pour un crime, et pour un péché le don d'être plus sensible que les autres, qui est le don même de goûter la vie.

Si menacé de la perdre, nul ne l'a sentie avec plus d'ivresse mélancolique ni plus d'intelligence que notre Debussy. Il y a mis toute la poésie d'une âme éprise et qui regrette tous ses plaisirs, tant elle les sait prendre, tant elle y trouve de délices. Sa musique est une longue dilection. Il a été le plus musicien des Français et le plus français des musiciens. Peu de musiques ont eu autant de beauté que la sienne, et toujours musicale. Il a vécu et pensé dans l'harmonie. La musique n'a pas eu de voix plus rare que Debussy, et il en reste un des plus chers ornements.

FIN

1. ↑ *La Lune sur le Temple*, et *La Terrasse des audiences*, y sont à peu près égales par la perfection et la nouveauté.
2. ↑ Cité par R. Godet, *Semaine Littéraire de Genève*, 29 avril 1918.
3. ↑ Et, pour être juste, assez souvent Moussorgski.
4. ↑ *Ballades de Villon*, p. 8, etc. ; *Pelléas*, pp. 254, 255, 299.
5. ↑ La plupart des Sonates pour les deux instruments paraissent sans couleur près de celles-là ; et celles du dernier siècle tout à fait vulgaires. Qu'on s'en assure par cette seule remarque : les deux Sonates de Debussy sont nées, plus ou moins directement, des Sonates de Schumann. Or, par le simple souvenir qu'on en garde, comme un écho lointain, elles rendent les Sonates de Schumann presque insipides, dans

leur naïveté échevelée et leur passion débile : Schumann est sentimental jusqu'à la nausée, comme Chopin ; Debussy, à la fin, ne l'est jamais.

6. ↑ *Sonate pour Violon :* Les paragraphes 2 et 3 du premier temps ; le *Scherzando* du second, pages 11 et 12, le *Meno Mosso,* qui rappelle le plus beau passage de la *Grande Fugue* pour Archets de Beethoven, *op.* 133 ; le paragraphe 3 du troisième temps, d'une variété si expressive et d'une grâce aiguë.

Sonate pour Violoncelle : l'admirable premier temps ; le *Lento* paragraphe 9 du troisième. Sans doute les deux Sonates n'ont pas la plénitude sublime de Bach dans les siennes et dans ses Concertos. Mais elles seules y peuvent être comparées depuis Mozart et Beethoven.

7. ↑ Richard Strauss excepté, à qui rien n'a manqué peut-être, si ce n'est la beauté et le choix des pensées.